Pour la liberté

© Kaléidoscope 2015
11, rue de Sèvres, 75006 Paris
ISBN 978-2-877-67865-0
Loi n° 49.956 du 16 juillet 1949 sur les publications destinées
à la jeunesse : septembre 2015
Dépôt légal : septembre 2015
Imprimé en Italie

Diffusion l'école des loisirs

www.editions-kaleidoscope.com

Elsa Oriol

la fille en bleu

kaléidoscope

La fille en bleu, Manon l'a repérée le matin
de la rentrée parmi tous ces nouveaux visages un peu inquiets,
comme égarés. Son air lui est étrangement familier :
elle est trait pour trait l'amie dont elle a toujours rêvé.

Bien sûr, Manon aime le bleu, le bleu du ciel, le bleu des yeux de sa maman,
celui de la mer, sans oublier le bleu des crayons, qui est la plus belle
de toutes les couleurs pour écrire et dessiner.

Mais là, c'est un hasard, car en ce jour de rentrée,
il y a d'autres enfants en bleu dans la cour de récréation.
Non, la fille en bleu est exactement celle
à laquelle Manon a toujours voulu ressembler.

D'abord, elle se contente de la regarder, c'est tout.
La fille en bleu ne semble même pas remarquer l'existence de Manon.

Au bout d'un moment, Manon prend son courage à deux mains
et lui propose de jouer à la marelle.
« Non, c'est trop nul », rétorque la fille en bleu
et elle entraîne Manon vers un petit groupe
qui joue à la balle au prisonnier.
Manon déteste ce jeu, mais le bonheur de jouer
avec la fille en bleu l'emporte.

Entre passes et esquives de la balle, Manon lui demande son prénom,
mais la fille en bleu ne l'entend pas, trop occupée à attaquer l'équipe adverse.
Manon insiste mais... Aïe !!!
Un joueur vient de lui heurter la jambe.
La fille en bleu éclate de rire.
Manon tente de sourire. Même pas mal !

Le lendemain, Manon redouble d'attentions. À la récréation,
elle partage sa barre chocolatée avec la fille en bleu,
lui donne même la plus grosse part, mais la fille en bleu ne s'en aperçoit pas.
Elle lui offre un de ses deux bracelets brésiliens dont elle ne se sépare jamais
et lui prête aussi son crayon bleu préféré.

À chaque fois, la fille en bleu remercie distraitement,
comme si elle ne mesurait pas l'importance de ces cadeaux
ou s'en moquait éperdument.

Le troisième jour, Manon apporte à l'école sa boîte à trésors…
Des cailloux tout doux, des roses séchées, des coquillages,
des perles cabossées, des petites étoiles dorées et une figurine de Blanche-Neige.
« Tiens, dit Manon en lui tendant sa précieuse boîte, choisis ce que tu veux. »

La fille en bleu prend un petit caillou,
l'examine attentivement et le repose dans la boîte.
« Garde ton caillou. »

Manon essaie de prendre un air détaché mais sa gorge se serre.

Et elle décide de jouer les dures, elle aussi.

Aujourd'hui, Manon a crié « NON ! NON, NON ET NON ! »
à la fille en bleu qui ne s'attendait pas à ce que Manon lui refuse
une énième balle au prisonnier.

« Mais, qu'est-ce qui t'arrive ? »

Sans prendre la peine de répondre,
Manon se dirige vers un coin calme de la cour,
sort une craie bleue de sa poche…

… et dessine une immense marelle.
« Comment tu t'appelles ? »
Une fille en jaune qu'elle n'avait jamais vue
se tient derrière elle avec un grand sourire.

« Heu… Manon… Et toi ? »